지은이 염미희
어린이책 편집자입니다. 프랑스어 그림책《엄마, 언제부터 날 사랑했어?》《야쿠바와 사자 1~2》《한간의 요술 말》 등을 우리말로 옮겼습니다.
꼭 지키고 싶은 지구의 한 귀퉁이, 모알보알을 이름으로 걸고 책을 만들고 파는 일을 계속하고 있습니다.

그린이 유창창
만화가이자 화가이자 일러스트레이터입니다. 다양한 전시를 직접 기획하고 열고 있습니다.
만화책《두부》《정신 차려, 맹맹꽁!》을 펴냈고, 어린이책《찰리 채플린, 세상을 웃긴 배우》《움직이는 우리말, 동사》 등에 그림을 그렸습니다.

감수 장홍제
한국과학기술원(KAIST) 화학과를 졸업하고 같은 대학원 화학과에서 박사 학위를 받았으며, 현재 광운대학교 화학과 교수로 있습니다.
《원소가 뭐길래》《물질 쫌 아는 10대》《원소 쫌 아는 10대》《신소재 쫌 아는 10대》《화학 연대기》《나노화학》 등을 썼으며,
재미있고 유익한 화학 지식을 전하는 유튜브 채널〈화학하악〉을 운영하고 있습니다.

뭐야 뭐야 원소 2
수소가 온다
초판 1쇄 발행 2024년 6월 24일

지은이 염미희 | **그린이** 유창창 | **감수** 장홍제 | **디자인** 골무

펴낸이 염미희 | **펴낸곳** 모알보알 | **제조국** 대한민국 | **사용연령** 5세 이상
출판등록 2023년 3월 9일 제386-2023-000023호 | **주소** 경기도 부천시 부흥로356번길 29
전화 070-8222-6991 | **팩스** 070-7966-2879 | **이메일** moalboalbook@gmail.com

ISBN 979-11-985713-3-5 77430
ISBN 979-11-985713-0-4 77430 (세트)

KC마크는 이 제품이 공통안전기준에 적합했음을 의미합니다. 책 모서리에 다치지 않게 주의하세요.

쓰고 가 는다

염미희 글 | 유창창 그림 | 장홍제 감수

모알보알

지금으로부터 138억 년 전,
아무것도 없던 우주에 어마어마한
대폭발이 일어났어요.
그때 수소가 생겨났어요.
수소는 이 세상을 이루는
모든 알갱이들 가운데
가장 먼저 생겨났어요.

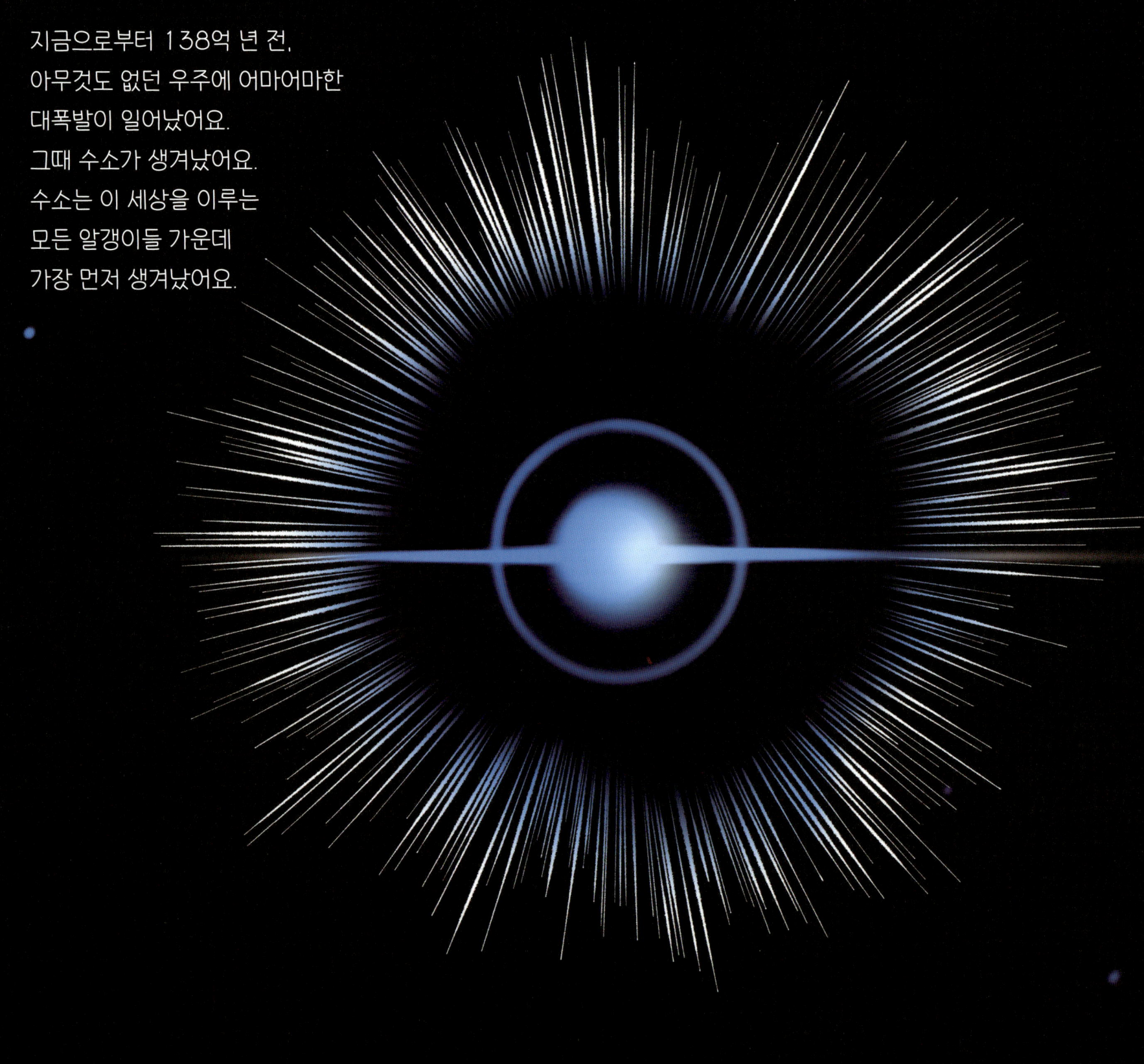

우주에 수소가 생기고 헬륨이 생기자, 빛이 반짝이기 시작했어요.

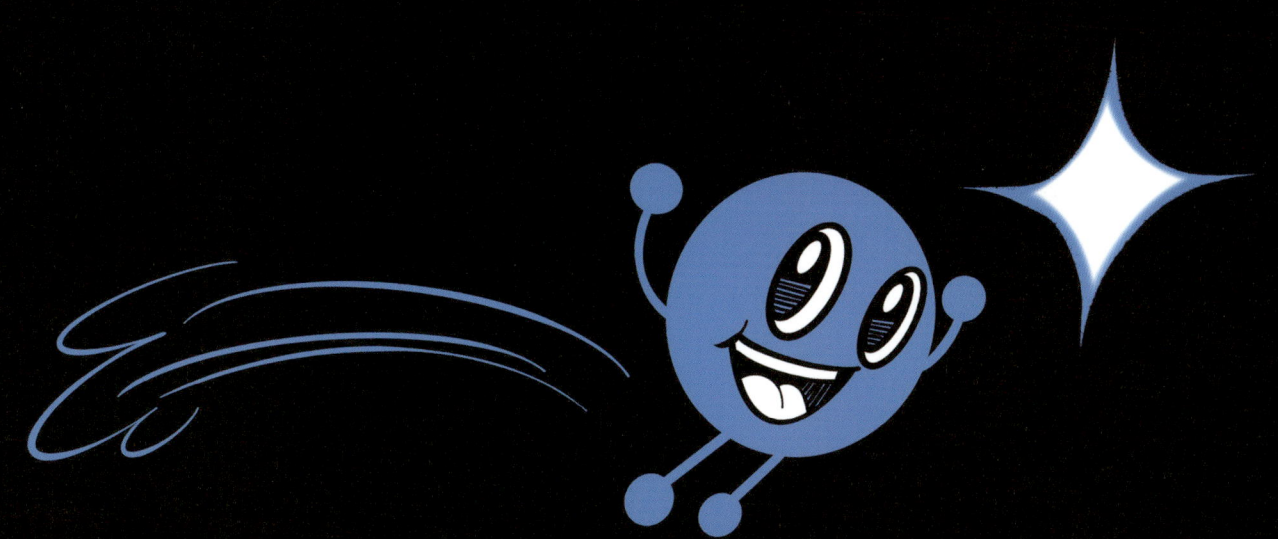

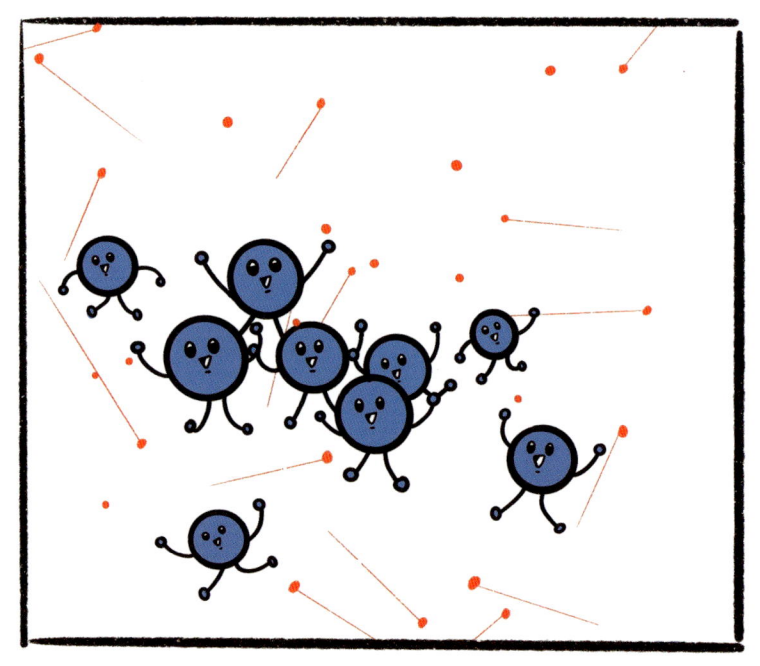
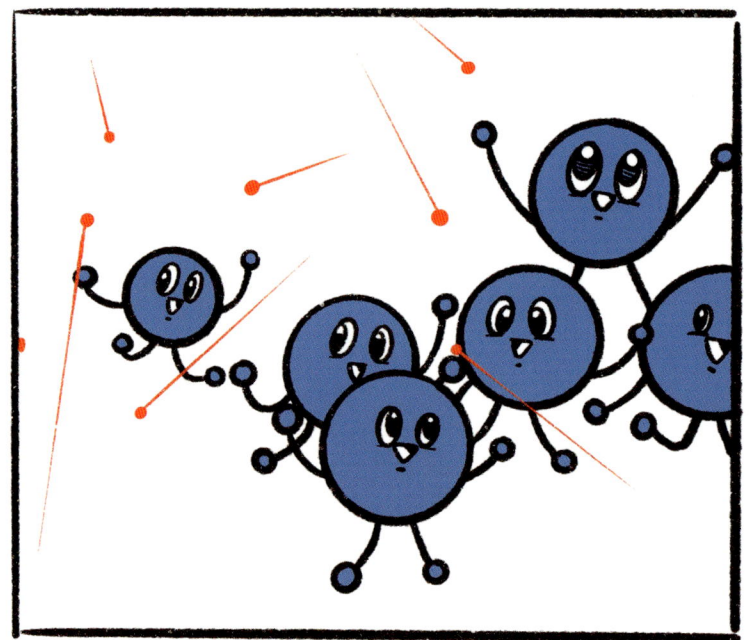

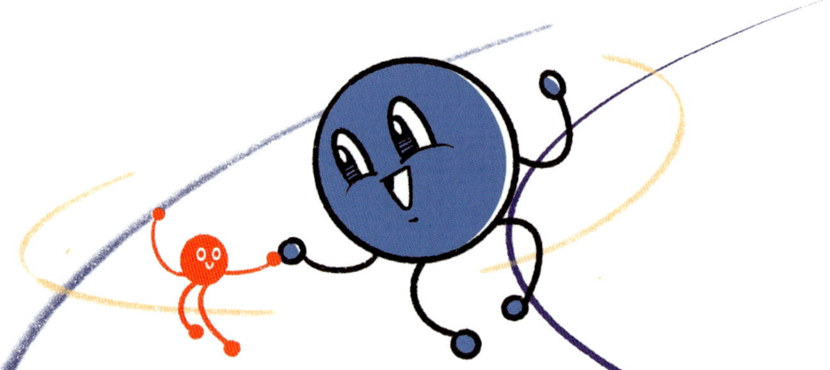

처음 백만 년 동안 수소는
양성자 상태였어요.
완전한 수소 원자가 아니었지요.
그러다가 전자 하나를 끌어당겼고,
그 순간 수소 원자가 되었어요.

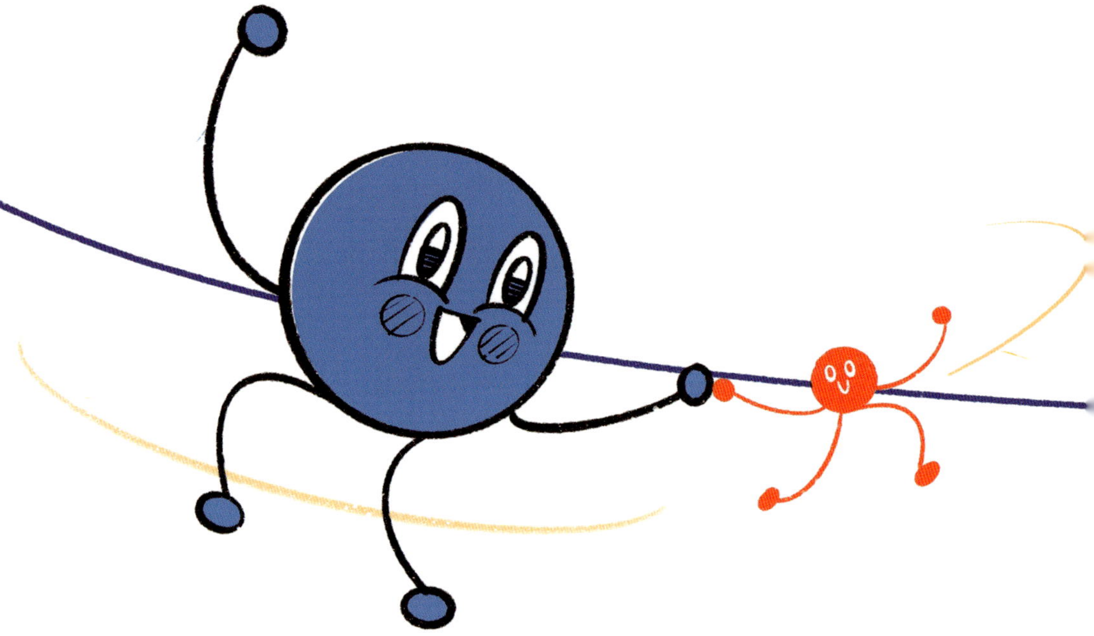

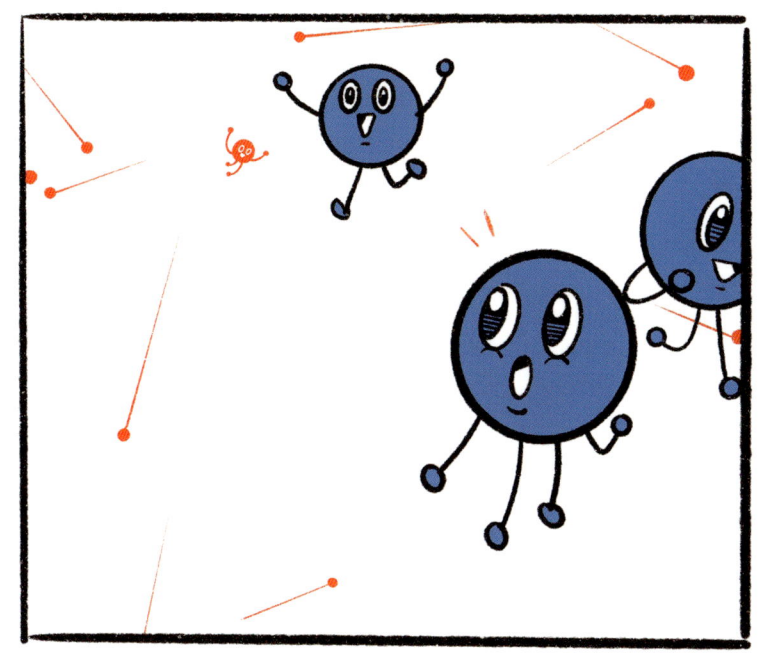

양성자 하나와 전자 하나로 이루어진 수소 원자는
모든 원자 가운데 가장 가벼워요.
아주 작은 공 주위를 1,836배 더 가벼운
다른 공이 돌고 있는 단순한 모양이지요.
수소는 우주를 통틀어 가장 많고, 흔해요.

수소가 생겨나고 몇억 년이 흐른 뒤, 우주에는 굉장한 일이 일어났어요.
수소가 구름 모양으로 뭉치고 뭉쳐 빙빙 돌기 시작했어요.
점점 빠르게 돌던 수소 구름이 활활 타오르며 별이 탄생했지요.
맞아요! 까만 밤하늘에 반짝이는 그 별이요.

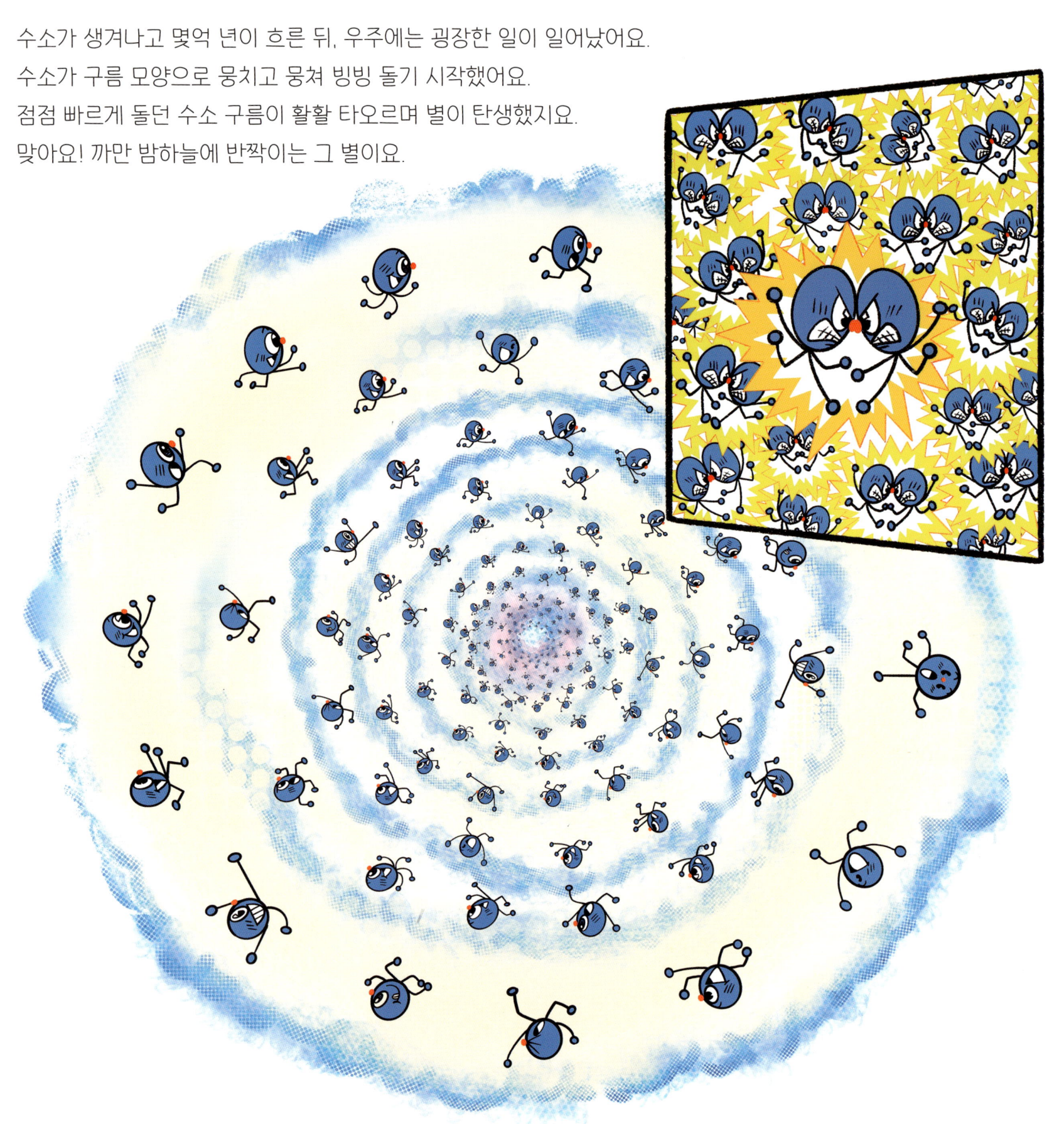

별이 반짝이는 이유는 수소 때문이에요.
수소가 많이 모이면 수소의 핵끼리 서로 부딪치며 하나로 뭉치는데,
이것을 **핵융합**이라고 해요.
이때 엄청난 에너지, 그러니까 빛과 열이 생겨요.
그래서 별은 스스로 빛을 내고, 무지무지 뜨거워요.

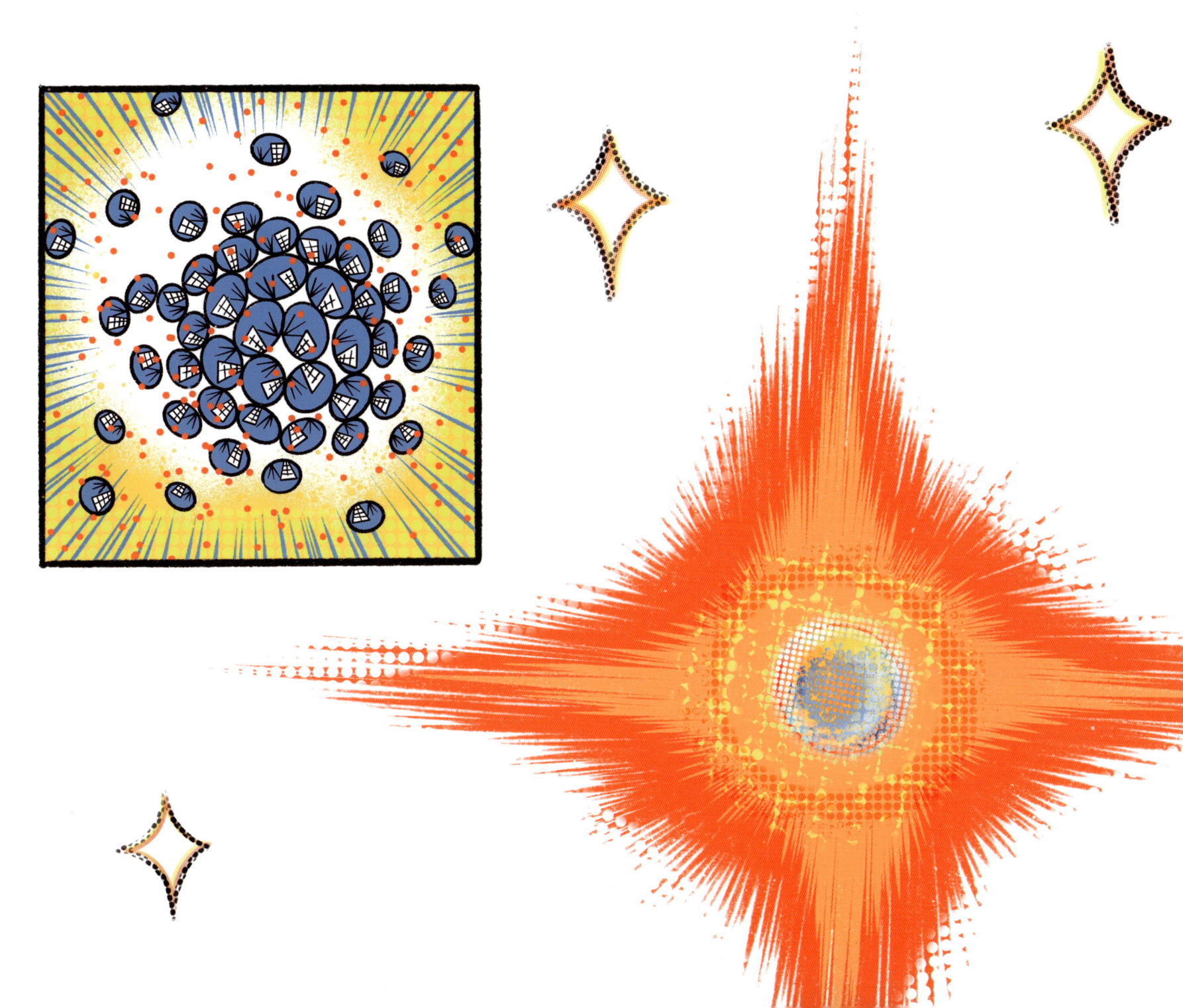

지금도 태양은 수소를 이용해 열을 내뿜고 있어요.
그 덕분에 지구의 수많은 생명이 살아갈 수 있지요.
또 태양에서 수소의 핵융합이 계속되면서
점점 더 무거운 원소들이 새로 생겨났어요.

어떤 별은 생겨난 뒤 오랜 시간이 흐르면 점점 작아지다가 폭발해요.
별이 폭발할 때 수많은 원소들이 우주 공간으로 흩어져요.
흩어진 원소 부스러기들은 이리저리 떠돌다 엉겨 붙어 구름을 만들어요.
이 구름들이 커다란 별 주위를 빙빙 돌며 서로 합쳐지고 점점 커져요.

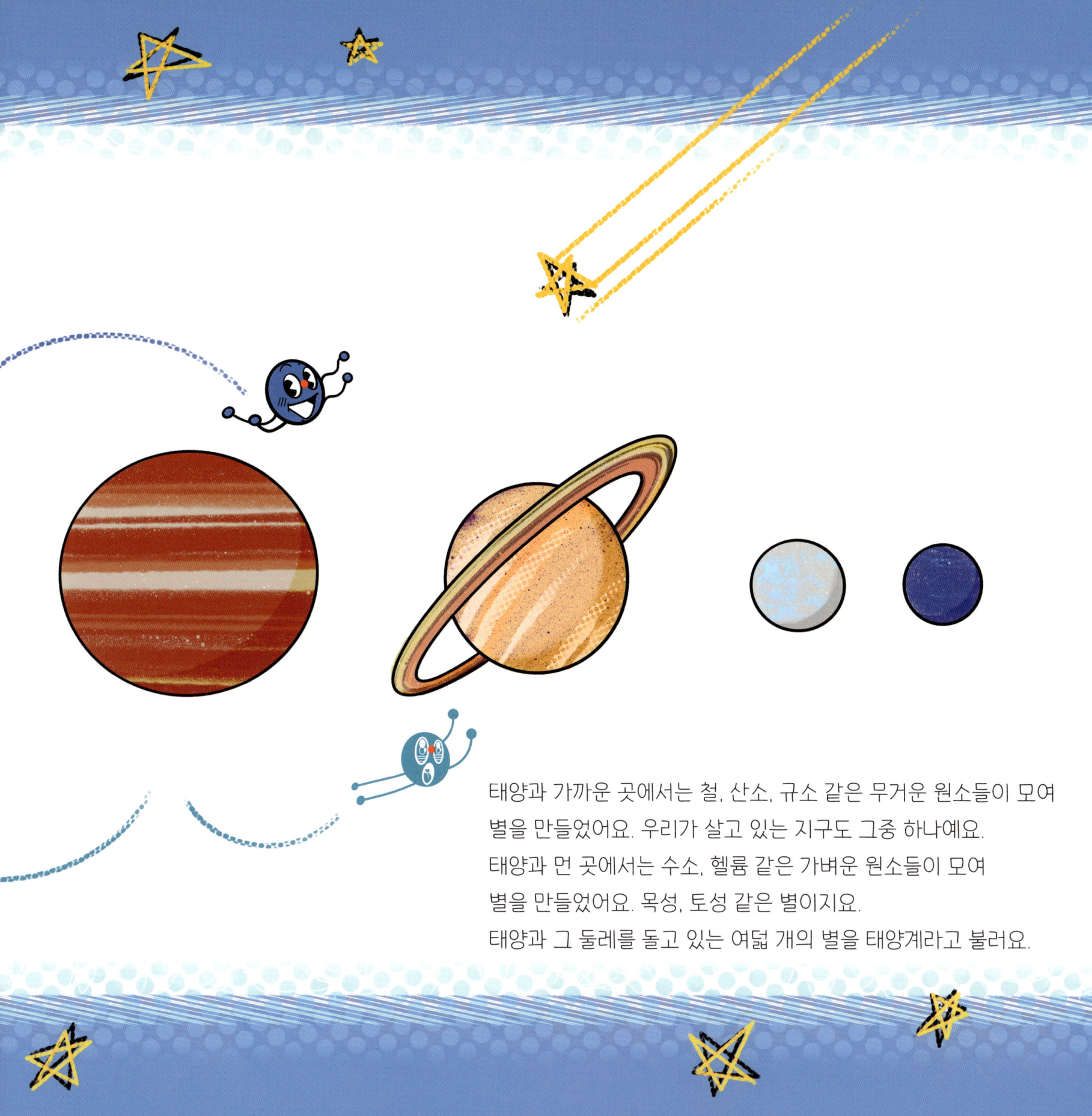

태양과 가까운 곳에서는 철, 산소, 규소 같은 무거운 원소들이 모여
별을 만들었어요. 우리가 살고 있는 지구도 그중 하나예요.
태양과 먼 곳에서는 수소, 헬륨 같은 가벼운 원소들이 모여
별을 만들었어요. 목성, 토성 같은 별이지요.
태양과 그 둘레를 돌고 있는 여덟 개의 별을 태양계라고 불러요.

지구의 중력은 공기를 붙들고 있어요.
덕분에 많은 원자들이 지구 주변을 자유롭게 돌아다닐 수 있지요.
하지만 수소 원자는 너무 가벼워서 지구의 중력으로는 붙들기가 어려워요.

수소 원자 두 개가 손을 잡으면 수소 기체가 돼요.
수소 기체는 우주에는 흔하지만, 지구에서는 귀해요.

수소가 탄소와 손을 잡은 화합물을 탄화 수소라고 해요.
에너지를 만드는 연료인 석탄과 석유, 천연가스는 모두 탄화 수소로 이루어졌어요.

천연가스　　　　　석탄　　　　　석유

질소 한 개와 수소 세 개가 손을 잡으면 암모니아가 돼요.
찌릿찌릿한 냄새가 나는 암모니아는 공기에도 아주 조금 있고,
농사에 필요한 비료나 병을 치료하는 의약품을 만들 때 사용해요.

달콤한 맛을 내는 설탕과 같은 당류에도 수소가 들어 있어요.
새콤한 맛을 내는 식초에도 수소가 들어 있어요.
수소가 많이 튀어나올수록 더 신 맛이 나요.

사람들은 땅속에 묻혀 있던 석탄, 석유, 천연가스를 이용해 에너지를 얻어요.
이런 화석 연료를 태우면 탄소가 떨어져 나와 지구를 떠돌아요.
그런데 너무 많은 탄소가 생겨나는 바람에 지구는 점점 뜨거워지고 있어요.

사람들은 화석 연료를 대신할 에너지를 찾기 시작했어요.
석탄이나 석유처럼 얻기 쉬우면서
큰 에너지를 낼 수 있는 연료, 바로 수소였어요.

수소를 이용해 전기 에너지를 만드는 장치를 수소 연료 전지라고 해요.
이 장치에 수소를 보내면 전자가 떨어져 나와 전기 에너지를 만들어요.
에너지를 이용해도 이산화 탄소가 생기지 않고, 지구도 뜨거워지지 않죠.
수소 연료 전지를 이용해 자동차, 배, 드론, 로봇, 우주선을 움직일 수 있어요.
앞으로는 더 많은 분야에서 수소가 연료로 사용될 거예요.

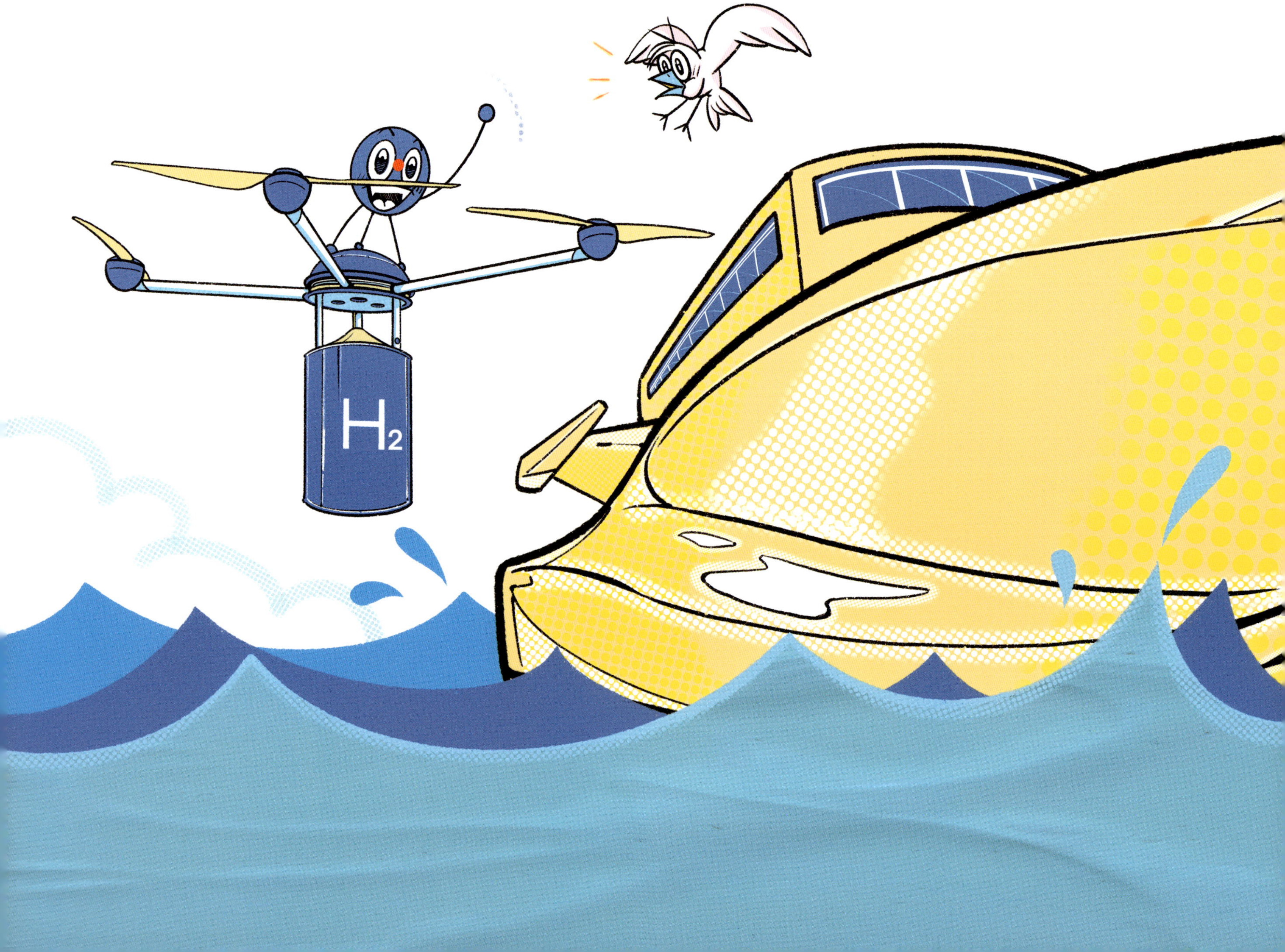

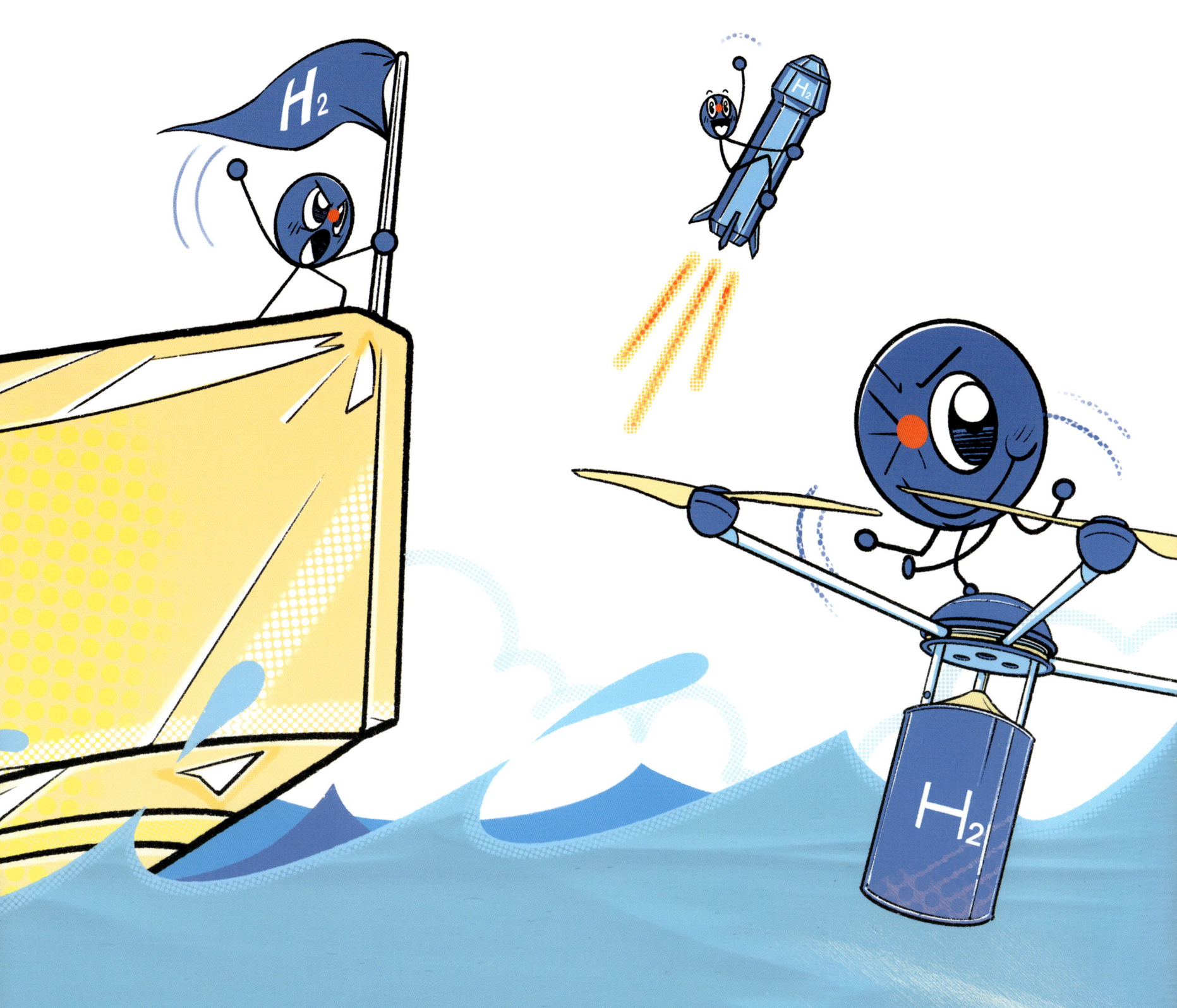

우리나라를 비롯한 많은 나라에서
수소 연료 전지 자동차가 달리고 있어요.
자동차에 석유 대신 수소를 충전하고,
수소로 전기 에너지를 만들어 차를 움직이지요.

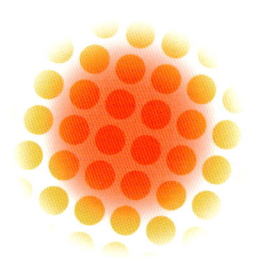

자동차 밖에서 들어온 공기 중의 산소와 수소가 만나면 물을 만들어 내요.
그래서 수소 연료 전지 자동차는 연기 대신 물을 내보내며 달려요.

새로운 에너지 원료, 수소는 어떻게 만들까요?
지구에서 수소를 얻으려면 기술이 필요해요.

먼저 천연가스에서 수소를 뽑아낼 수 있어요.
하지만 이때 수소만 생기는 게 아니라 이산화 탄소도 생기기 때문에
탄소를 줄이는 데 도움이 되지 않아요. 이렇게 얻어진 수소를
그레이 수소라고 해요.

수소를 만들 때 나오는 이산화 탄소를 따로 모아 저장하는 기술도
발전하고 있어요. 이산화 탄소를 줄이면서 만든 수소를
블루 수소라고 해요.

지구 환경을 위해 가장 좋은 방법은 물에서 수소를 얻는 거예요.
물에 전기를 흘려보내면 수소와 산소가 잡았던 손을 놓아요.
그럼 수소를 얻을 수 있고, 남는 건 산소밖에 없죠.

이때 필요한 전기는 태양이나 바람을 이용해 만들어요.
이렇게 하면 이산화 탄소가 생기지 않기 때문에
이 수소를 그린 수소라고 해요.
그린 수소는 우리 미래에 꼭 필요한 멋진 기술이지요.

머나먼 우주의 별 안에서 일어나는 수소의 핵융합을
만약 지구에서도 일으킬 수 있다면 어떨까요?
환경 오염 걱정 없이 엄청난 에너지를 마음껏 쓸 수 있을 거예요.
세계 여러 나라에서 수소 핵융합 에너지를 얻기 위해 연구하고 있어요.
우리나라에도 1억 도가 넘는 초고온 상태를 만들 수 있는 핵융합 연구 장치가 있어요.

수소 폭탄은 핵융합 에너지의 엄청난 힘을 이용한 핵무기예요.
수소 폭탄이 전쟁에 사용되면 수많은 사람들이 죽고, 다치고
삶의 터전이던 마을과 도시가 한순간에 사라질 거예요.
어떤 나라들은 힘을 과시하기 위해 수소 폭탄을 앞다투어 개발하기도 하죠.
수소 폭탄의 발명은 인류의 평화를 위협하고 있어요.

머지않아 수소는 우리에게 가장 필요하고
가장 친근하고, 또 가장 소중한 원소가 될 거예요.
지구를 해치지 않으면서 우리에게 꼭 필요한 에너지를
풍부하게 만들어 줄 테니까요.

수소를 안전하고 자유롭게 사용하기 위해서
해결해야 할 과학적, 기술적 문제가 아직 많이 남아 있어요.
우주에서 가장 흔한 수소를 지구인의 친구로 만들기 위해
우리 모두 지혜를 모아야 해요.

첫 번째 원소, 수소

수많은 원소 중 가장 기억하기 쉬운 것은 수소입니다. '첫 번째'라는 특별한 별명을 여러 개 가지고 있거든요. 발견되는 원소의 종류가 점점 늘어나자, 과학자들은 변하지 않을 규칙을 만들어 원소마다 번호를 붙이기로 했습니다. 무거운 순서대로 줄을 세울지, 아니면 이름 순서대로 줄을 세울지 고민하던 끝에 결정된 방법은 바로 양성자 개수였습니다. 양성자는 원자 가운데 씨앗처럼 뭉쳐 원자핵을 이루는 아주 작은 알갱이입니다.

수소는 커다란 폭발, 즉 빅뱅으로 우주가 탄생하며 생겨난 첫 원소였습니다. 모든 원소는 전자, 양성자, 그리고 중성자라고 불리는 세 종류의 작은 알갱이들이 모여 만들어집니다. 원소의 시작이 되었던 수소는 단 하나의 양성자, 그리고 짝지어 다니는 하나의 전자만으로 이루어졌습니다. 그래서 1번입니다.

수소 다음 탄생한 원소가 헬륨인데, 헬륨은 두 개의 양성자, 두 개의 전자, 그리고 새롭게 추가된 두 개의 중성자로 이루어졌습니다. 수소보다는 크고 복잡하지만, 그래도 간단하게 생겼습니다. 중성자가 왜 필요하냐고요? 좁은 공간에 두 개의 양성자를 넣으면 자꾸 튕겨 나오니 서로 단단히 붙어 있도록 접착제로 사용되는 것입니다.

첫 번째로 만들어진, 가장 작고 가벼우며, 가장 빠른 번호인 1번으로 불리는 원소가 바로 수소입니다. 앞으로 새로운 원소를 계속 알게 된다 해도, 1번 수소를 깜빡하지는 않겠죠?

수소는 너무 가벼워서 지구의 중력으로는 잡아 둘 수 없습니다. 땅속에 갇혀 있거나 다른 원소들에 연결되어 물질을 이루고 있는 수소들은 그래도 상태가 안정합니다. 하지만 수소가 기체가 되어 날아오르면 어느덧 지구를 벗어나 우주 공간으로 새어 나가지요. 우주는 아무것도 없는 텅 빈 공간일 것 같지만, 사실 수소와 헬륨으로 채워져 있습니다.

그럼 지구 어디에서 수소를 찾아 볼 수 있을까요? 어떤 물체에 수소가 포함되어 있을까요? 우선 여러분의 손을 내려다보면 발견할 수 있습니다. 사람의 몸은 원자 크기 수준으로 살펴보면 엉망진창, 뒤죽박죽입니다. 보통 70킬로그램 정도 되는 성인의 몸은 60종류 정도의 원소들이, 모두 합쳐 7×10^{27}개 모여 이루어집니다. 숫자로 쓴다면 7,000,000,000,000,000,000,000,000,000개입니다. 얼마나 많은 건지 상상이 되지 않는다면, 지구의 모래알 개수를 모두 합친 것보다 700만 배 더 큰 수라 생각하면 됩니다. 그런데 이 많은 원자 중에서 무려 60%가 수소입니다. 우주가 만들어 낸 수소는 태양에서 타오르며 빛과 열을 만들고, 지구에서는 생물을 구성하니 그야말로 생명의 핵심인 셈입니다.

지금 우리가 가장 많이 사용하는 연료는 석유, 석탄, 천연가스 같은 화석 연료입니다. 화석 연료는 우리에게 편리하고 강력한 에너지를 제공하지만, 지구를 점점 뜨겁게 만들고 있습니다. 기후 변화를 일으키며 인류의 미래를 위협하는 화석 연료 대신 대체 에너지를 찾으려는 노력이 오래전부터 계속되었고, 그중 하나가 바로 수소입니다.

대기에는 수소가 없지만, 지구에도 수소가 풍부한 곳이 있습니다. 바로 강과 바다, 지하수입니다. 물(H_2O)이 수소와 산소로 이루어졌기 때문이지요. 수소는 물을 분해해서 모을 수 있고, 연료로 태우고 나면 다시 물이 되기 때문에 아무런 공해를 만들지 않으면서도 무한정 사용할 수 있는 미래 에너지입니다. 물을 분해해 수소를 얻는 방법은 다양합니다. 어떤 방식의 에너지를 사용하는가에 따라 그레이 수소, 블루 수소, 그린 수소로 나뉘고, 그 밖에도 핑크 수소, 옐로 수소, 청록 수소 등 수소를 만드는 다양한 방법들이 계속 생겨나고 있습니다.

도로 위를 달리는 자동차나 많은 짐을 싣고 먼바다를 오가는 선박, 드론, 로켓 등 이미 많은 교통수단이 수소 연료를 사용하고 있습니다. 앞으로 수소를 만들고 사용하는 기술이 좀 더 개발된다면, 더 많은 분야에서 수소 에너지가 사용되고 집이나 학교처럼 가까운 곳에서도 찾아 볼 수 있을 것입니다.

만약 우주여행이 널리 퍼지는 시대가 된다면, 수소 에너지를 사용하는 기술은 더욱 쓸모 있을 것입니다. 태양을 비롯한 많은 별이 수소로 이루어진 것을 보면, 목성이나 토성 같은 행성의 내부도 차갑고 단단하게 굳어져 금속이 된 수소로 채워져 있을 거예요. 우주 공간에 수소가 이렇게 흔하게 있으니, 수소를 연료로 쓸 수 있는 기술만 있다면 우주 어느 곳에서나 편리하게 보충하며 여행할 수 있겠지요. 이렇게 수소는 우리에게 우주 시대를 앞당겨 줄 원소이기도 합니다.

장홍제(화학자)

용어 풀이

핵융합
원자 가운데에 원자핵이 있어요. 원자핵끼리 만나면 서로를 밀어냅니다. 그런데 원자핵에 엄청난 속도를 가하거나 매우 높은 온도로 가열하면 원자핵들은 서로 충돌하고 뭉칩니다. 이때 큰 에너지가 생기는데, 이런 반응을 핵융합이라고 합니다. 태양이 어마어마한 빛과 열을 내뿜는 것도 수소 핵융합의 결과지요. 우리나라를 비롯한 몇몇 나라에서는 수소의 핵융합을 일으켜 에너지를 생산하기 위해 연구하고 있습니다.

중력
지구가 물체를 끌어당기는 힘을 중력이라고 합니다. 사실 물체도 동시에 지구를 끌어당기고 있어요. 중력이 없다면 온갖 물건과 사람들이 땅에 붙어 있지 못하고 둥둥 떠다니겠지요. 또 중력이 대기를 붙잡고 있어 인간을 비롯한 많은 생물이 지구에서 살아갈 수 있습니다. 우리가 밤하늘에서 달을 볼 수 있는 것도 지구가 달을 붙들고 있는 중력 덕분이지요.

화합물
서로 다른 두 종류 이상의 원소가 화학적으로 결합하여 만들어진 물질을 말해요. 우리 몸을 포함해서 우리 주변의 거의 모든 것이 화합물이에요. 산소 원자 하나와 수소 원자 두 개가 결합하면 물이 돼요. 탄소 원자 하나와 산소 원자 두 개가 결합하면 이산화 탄소가 돼요. 원자들이 서로 결합하는 방식이나 모양에 따라 물질의 성질은 완전히 달라지지요.

화석 연료

아주 먼 옛날 지구에 살았던 생물들이 땅속에서 서서히 변하여 화석 연료가 되었어요.
동물과 식물에 있던 풍부한 탄소가 주성분이며 수소와 산소 등이 포함되어 있어요.
고체 상태인 석탄, 액체 상태인 석유, 기체 상태인 천연가스가 모두 화석 연료예요. 화석 연료를
땅속에서 꺼내고 태우는 과정에서 환경이 오염되지요.

수소 연료 전지

수소를 이용하여 전기를 만들어 내는 장치를 말해요. 지금 우리가 사용하는 전기는 대부분 발전소에서
화석 연료를 태워 만든 거예요. 이산화 탄소를 배출하는 화석 연료와 달리,
수소 연료는 물만 만들어 내기 때문에 대기를 오염시키거나 기후 변화를 일으킬 걱정이 없지요.
또 다른 에너지원과 견주어 효율성이 높은 연료이기도 해요.

핵무기

원자핵이 반응할 때 일어나는 큰 에너지를 이용한 위험한 무기들을 일컬어요. 우라늄이나 플루토늄 등의
핵분열을 일으켜 폭발시키는 원자 폭탄, 중수소나 삼중수소의 핵융합 반응을 일으켜 폭발시키는
수소 폭탄이 모두 핵무기예요. 핵무기는 무시무시해요. 도시 하나가 통째로 사라질 수도 있는
파괴력을 지녔지요.

세상을 배우는 과학 알파벳
뭐야 뭐야 원소

돌고 도는 탄소
이사벨라 조르지니 글·그림 | 김지우 옮김
기후 변화의 중요한 키워드, 탄소

수소가 온다
염미희 글 | 유창창 그림
미래를 열어 갈 새로운 에너지, 수소

세상을 움직이는 철
장홍제 글 | 김현영 그림
쓰임새가 많은 인간의 오랜 친구, 철